FAZIA UM BELO DIA NO REINO, E CINDERELA DECIDIU REALIZAR
UM BAILE MAJESTOSO PARA REVER AS MELHORES AMIGAS.

PARA ISSO, ELA PEDIU AO MORDOMO OFICIAL
QUE ENVIASSE UM CONVITE A CINCO PRINCESAS.

A DOCE E DIVERTIDA BRANCA DE NEVE.

A SONHADORA RAPUNZEL.

A DEDICADA ISABELA.

A ADORÁVEL BELA ADORMECIDA.

E A DESTEMIDA BELA.

TODAS AS PRINCESAS, COM ALEGRIA, ACEITARAM O CONVITE.
AFINAL, ELAS IRIAM SE ENCONTRAR E PASSAR MOMENTOS DIVERTIDOS JUNTAS.